LOLY TRIANA
Y
HUMBERTO CALAS

ASES DE AMOR A 90 MILLAS

Publicado por
D'har Services
P.O. Box 290
Yelm, Wa 98597
www.dharservices.com
info@dharservices.com
dharservices@gmail.com

Derechos de autor © 2016 Loly Triana y Humberto Calas

Carátula© Xiomara García
Fotografías:Boya Loly Triana y © Speedfighter17 /© Gines Valera Marin | Dreamstime.com

ISBN-13: 978-1-939948-43-4

Derechos Reservados
Todos los derechos de autor están reservados. Este libro no se puede reproducir completo o por partes, o traducir a cualquier idioma por medios electrónicos, mecánicos, fotocopiado o ningún otro sistema sin la previa autorización por escrito de los autores, excepto por alguna persona que use pasajes como referencia.
Los autores enviaron su propia corrección y estilo.

IMPRESO EN ESTADOS UNIDOS

DEDICATORIAS

DE LOLY A:

Mi nieto Sebastián, nueva motivación en mi vida.
La memoria de mis padres.
Mis hijas Graciela y Grisel.

DE HUMBERTO A:

Rosabel, mi esposa, por su infinito amor.
Susi y Raisa, mis hijas, por su apoyo y comprensión.

AGRADECIMIENTOS

DE LOLY A:

Dios

Mis padres, por sus enseñanzas.
Mis hijas Graciela y Grisel, por su apoyo
Mis otros familiares por estar
Mis amigos y amigas por su estímulo y entusiasmo
Humberto Calas, coautor

DE HUMBERTO A:

A Loly Triana y a Edilma Ángel por confiar en mí.

ÍNDICE

PRÓLOGO —————————11

LOLY TRIANA————————— 13

HUMBERTO CALAS————— 15

LEJANÍA————————————— 17

ESTARÉ CONTIGO————— 20

ANSIEDAD ———————————— 22

A VECES TÚ ——————————24

SEÑALES ————————————28

SALVARTE———————————32

ESCAPAR DE LA RED ————34

AMOR REAL Y VIRTUAL —— 36

EL CENTRO DEL MUNDO —— 38

NUESTRAS HORAS —— 40

ESPECTÁCULO —— 44

CARTAS AJENAS —— 46

CORAZÓN SIN PUÑOS —— 48

AUSENCIA —— 50

NOVENTA MILLAS —— 52

DESVARÍO —— 54

A TODO RIESGO —— 56

AMARTE EN MIAMI —— 58

PRÓLOGO

Crear un libro diferente de poemas, fue todo un reto para los escritores Loly Triana que vive en los Estados Unidos y su amigo Humberto Calas, residente en Cuba, dos poetas natos, que se unieron desde la distancia para expresar en forma de mensaje correspondido sus poemas. Sin conocerse personalmente, acoplaron sus versos a la cadencia y ritmo que cada poema requirió, pusieron sus sentimientos y anhelos en aras de la creatividad. Vencieron los obstáculos y se convirtieron en poetas nocturnos y cibernéticos; creando estos hermosos poemas de amor, que hoy nos presentan con orgullo.

Los invito a disfrutar de la lectura de sus versos y sentir el grito ahogado que palpita en sus corazones.

Edilma Ángel
Escritora y Psicoterapeuta Pránica

Loly Triana

Loly Triana, Nació en la ciudad de Morón, Cuba, en el mes de julio de 1948. Cursó sus estudios primarios y secundarios en su ciudad natal. Creció entre libros, la lectura era "plato fuerte" en la vida hogareña junto a sus padres. Se graduó de arquitecta en la Universidad de La Habana en 1974. Comenzó a escribir poesía, con dieciséis años. Ya adulta se dedicó a escribir textos técnicos y científicos, algunos fueron publicados en revistas especializadas. Después de jubilada comenzó a escribir sobre diversos temas en prosa: críticas político-sociales, cine, novelas, relatos y meditaciones religiosas, para consumo propio, de la familia y amigos. Reside desde junio de 2013 en EE.UU. En enero de 2014 publica el poemario "De amor y locura", Erotismo en la Tercera Edad. Participa con dos cuentos en la III Antología del Club de Literatura de Francisca Argüelles, de la ciudad de Hialeah, también estuvo con un poema de su autoría en el evento internacional "Grito de Mujer", publicado en la Antología digital del evento. En mayo de 2014 publica la novela – testimonio, "Luisa y Felipe". En estos momentos trabaja en dos novelas, y dos poemarios, uno de ellos es el que estamos presentando.

Publicó en ocho antologías por concursos en 2014 y 2015.

Cuarto premio en el concurso de la editorial D´har Services, con su cuento "Amor adolescente". Cuarto premio en el concurso convocado por la organización de la *Lucha contra el cáncer de mama* de Puerto Rico, en la modalidad Memoria, en 2015.

Otras publicaciones: Poema publicado en antología del Congreso Universal de Poesía Hispanoamericana III, celebrado en Los Ángeles, del 6 al 11 de julio de 2014.

Participó en Az Libris en octubre de 2014 y en la Feria Internacional del Libro de Miami en noviembre del mismo año.

Es miembro de ELILUC. Pertenece al Club de ArtSpoken, poetisa y declamadora en la NPE. Es miembro de AIPEH, Asociación Internacional de Poetas y Escritores Hispanos, Capítulo Miami. Ha pertenecido a diversos Clubes de Literatura. Participa en tertulias literarias.

Cursos: Técnicas para escribir novelas, impartido por el profesor Orestes Pérez, Miami, 2013. Formación de correctores, Escritores. Org, Barcelona, Online, profesora, Mercedes Tabuyo, 2014. Curso de Poesía, Escritores. Org, Barcelona, On line, profesora Zulema Moret, 2015

Humberto Pablo Calas Ravelo

Nació el 2 de marzo de 1964 en La Habana, Cuba. Estudió Ingeniería Informática. Reside en La Habana, Cuba.

Comenzó a escribir a los 16 años en la etapa de la Secundaria Básica, fundamentalmente Poesía de amor. Participa en Talleres Literarios de poesía enriqueciéndose sus conocimientos con el intercambio con otros escritores. Escribe su primer poemario titulado "Azul de Melancolía" en el año 1992.

Después de terminar los estudios universitarios continúa escribiendo poemas y comienza a participar en concursos Internacionales.

Ha obtenido diplomas en diez concursos internacionales y ha sido finalista en:

I Concurso de poesía Nace mi Verso, Club Atenea, Miami, Florida, USA. Octubre 2014.

Concurso de poesía Tiempo Nuevo, Letras como Espada, España, publicado en la antología. Marzo, 2015.

Concurso de poesía Primavera, Letras como Espada, España, publicado en la antología Nubes derramadas. Mayo 2015.

Concurso de poesía San Isidro Labrador, Letras como Espada, España, publicado en la antología Entre Surcos. Junio, 2015.

LEJANÍA

*Atisbo el horizonte
mas no veo el amor,
el pesar me colma
mis ojos se rinden.*

Desde tu orilla
la ansiedad torna el amor invisible,
tu mirada no descubre,
tu instinto no imagina
que mi soledad de sur
busca el norte de tu corazón

*No puedo palparte
mi boca busca en vano
volcar mis sentimientos.
Se acorta el tiempo de la vida,
mas no la distancia.*

No dejes que te arrastren
las turbulentas olas
de la desesperación,
si te alejan
te apartarán de mí
cuando más cerca estoy.

*No me han de perturbar
las olas revueltas
espero cualquier día,
a cualquier hora,
aunque sea en sueños,
hacerte el amor*

Entonces
aunque sea en sueños
¡te amaré!

ESTARÉ CONTIGO

¡Vuela,
surca el mar,
huye!
¡Dónde vayas estaré!

¿Volarás conmigo?
Si anido ¿has de velarme insomne?
Si navego ¿serás mi ola?
Si me hundo en las aguas
¿Me has de salvar?

Sí, volaré
cuidaré tus alas, seré tu cielo,
seré pupila en vigilia,
seré tu ola y marea,
¡para salvarte siempre!
¡para qué no te pierdas!

ANSIEDAD

Deja que escriba mis versos
sin desatinos ni desconciertos
evita que me ganen
el desamor, la saña, la indiferencia.
Regrésame la primavera
no resisto
la fría gota en mi angustia;
desátame las bridas
no frenes mi caballo.
Deja que explore tu mundo
correr los riesgos
si al final del trote
me devuelves, ansiedad,
la ocasión de gritar
¡te quiero!

Asfixia la ansiedad
escribirás versos precisos
sin desatinos ni desconciertos
se adueñarán de ti
el amor, la clemencia,
el asombro.
Vivirás en primavera
no sentirás frío
porque no tendrás congoja.
Suelta tus bridas
se desbocará tu bestia
para explorar mi mundo
retarás los riesgos
al final del trote
colmado de paz
podrás gritar
¡te quiero!

A VECES TÚ

Ola que estremece mi pasado,
brisa que refresca mi hoy,
esperanza del mañana.
A veces tú…

*A veces yo
temblor de tu pasado,
brisa que te besa,
esperanza del mañana.
A veces yo…*

A veces tú…
lluvia que humedece mis deseos
con tristeza,
gozo de recuerdos.
A veces tú…

A veces yo…
Fuego que entibia tus ansias
luna que se eclipsa
y te extravía.
A veces yo

A veces tú, alegría.
A veces tú, dolor.

A veces yo, risa.
A veces yo, pena.

A veces yo
disfruto imaginar
que a veces tú
me amas.

A veces yo
gusto de entregarme
si a veces tú
sueñas que me amas

SEÑALES

El rojo
pretende detener
la imprudencia de un beso
pero no puede
el amor es urgencia

*No PARE
besar con osadía
puede
curar la soledad*

El amarillo intermitente
intenta persuadir
la distracción de una mirada,
pero no puede,
el amor es sorpresa

No ceda el paso,
¡arriésguese!
puede encontrar
el amor de súbito.

El verde luminoso
da licencia a la locura
¡Amémonos sin freno!

*Seguir recto,
paso libre al desatino
¡Amémonos sin bridas!*

SALVARTE

¿Lastimada?
Sanaré tu herida
enjugaré tu llanto.
¿Un ruido perturbó tu paz?
Apagaré timbres
cortaré alarmas
¿Una duda en el presente
detiene tus pasos?
Seré bastón en tu trote
iluminaré tu destino,
seré tu guía.

*¿Si te cortas con el filo
de mi lágrima?
¿Si te asustas con el rumor
de mi alma?
¿Si te pierdes con la duda,
en mi destino?*

¡Si salvo tu amor
Me arriesgo!

ESCAPAR DE LA RED

Me aniquila
no encontrarte
en internet
buscar tu nombre
en un sitio sin hallarlo
no puedo quedarme
en la soledad de mi página
enviar un correo,
escribir te amo
si al hacerlo
me rebota el e-mail.
Escaparé de la red
volveré al pasado,
pulsaré el arco;
quiero lanzar la flecha
entonces quizás
mi mensaje de amor
llegará a tu PC.

Se cayó el sistema
No podrás encontrarme
en internet
no hallarás mi nombre
ni mi sitio
estaré sola
frente a la pantalla
mi correo con un te amo
ha de rebotar
Voy a escapar de la red
daré paso al pretérito,
con señales de humo
trasmitiré un te amo,
en una paloma ataré una carta
llevará un te quiero
mi mensaje de amor
llegará a tu display

AMOR REAL Y VIRTUAL

Seré telégrafo.
en Morse te diré te quiero
(Los telegramas no están de moda)
Seré Internet
viajaré en fibra óptica
te diré te quiero.
(Hace frío bajo el mar)
mutaré en ondas electromagnéticas
llegaré a ti por la atmósfera
te diré te quiero.
En la soledad de mi lecho
conectaré Skype,
para mirarnos,
llegará el deseo,
por el ciberespacio
se oirá un gemir
¡nos amaremos!

Los *bits* no miden cuánto te amo
Porque mi amor es de infinitos *terabytes*.
¡Grandioso!
No hay código que cifre el sentimiento.
Nací desnudo y así prefiero amarte
sin ropas, redes, ni satélites.
no existe compactador
para enviarlo por email
Internet no puede navegar
su mapa inmenso.
Google se "friza"
solo tu instinto puede hallarlo;
no necesito Skype, eres mi cielo
¿Por qué el amor virtual?
¡somos carne y corazón,
palpémonos!
A pesar de las 90 millas
¡Te tengo!

EL CENTRO DEL MUNDO

El día que bese tus pies
besaré Miami,
el día que acaricie tus manos
te amará La Habana.
El día que tenga tu amor
sentiré la tierra girar.
Ese día en que me ames
descubriré que eres
el Centro del Mundo.

Besarás Miami
Me amará La Habana
Seré América
rendida ante ti.
Me conquistarás
al hincar mis predios,
reconocer mis caminos
mis playas navegar.
Gozarás mi amor
sin confines
temblará mi tierra
cuando seas su dueño
¡Nuestro amor será
el Centro del Mundo!

NUESTRAS HORAS

Repite la vida
las horas del reloj:
la aguja secundaria
atrae el futuro;
en el minutero
el presente avanza;
la cuerda horaria
anuncia puntual
un final y un comienzo

Cada jornada marca un hacer:
en la aurora nos amamos
con hambre de madrugada,
en la mañana el amor arde de prisa,
la tarde sosiega
el beso, la caricia, el suspiro;
la noche sella el final del día,
señala el comienzo
de amarnos otra vez
en el alba.

Cuando la vida
Intenta repetir
las horas de nuestro amor
no marca, no cuenta
cada beso, caricia, suspiro
trasciende el tiempo
Amor irrepetible
sin medida, intemporal
el tuyo y el mío.

*Nuestro amor transgrede
cada jornada,
no se detiene;
besos, caricias, suspiros,
¡renovados!
Amor diverso, ilimitado,
amor del tiempo,
el mío y el tuyo*

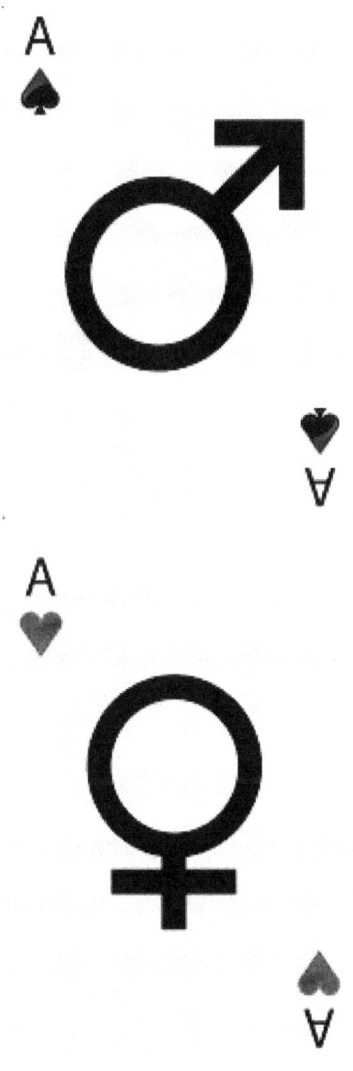

ESPECTÁCULO

Hazme el amor como en circo
trapecio que sube y baja
tenderé las piernas
llegaré a tus manos
me arqueo y ondulo
sobre tu cintura.
Te vas a la cumbre
Me impeles
te alcanzo y te acoplas
rugimos feroces de ansias
sientes mi temblor
yo tu palpitar
gritamos
¡Bravo!

Con el amor dancemos
Un "pas de deux"
tú en Split
te empino
te pego a mi cuerpo
deslizo mi brazo
tomo tu cintura
te arqueas
siento en mi pelvis
moverse tus caderas.
La danza termina
se oyen aplausos
y vítores
¡Bravo!

CARTAS AJENAS

Veo con nostalgia al cartero
entregar cartas ajenas;
en su bolso
no hay asomo de sol para mí,
el pesar me colma
en mis ojos una lágrima cuajada
devela mi dolor.
Un sentimiento me dice:
no desesperes
tu carta llegará.
A veces quisiera desquitarme
por tu lejanía,
arañar el tiempo de la vida,
retenerlo.
A veces quisiera ser carta
traspasar el tiempo.

*Espero ansiosa al cartero,
lo veré repartir cartas ajenas
le daré las mías
te llevará un rayo de luz.
Sacude el pesar,
enjuga esa lágrima,
arroja el dolor.
Presta oído:
haz brillar tus pupilas
tu carta llegará.
Tomemos desquite
de la distancia,
arañemos
el tiempo de la vida
vamos a confiscarlo,
detenerlo.
Seré la carta
que ha de traspasar el tiempo*

CORAZÓN SIN PUÑOS

Aprendí a golpear
el aire impuro
a convertir conflictos
en sonrisa de abril
a cultivar amor
en corazones estériles
con lluvia y viento
empaparme feliz
fui tonto...
Los golpes de la vida
de un amago te secan la lluvia
congelan tu sonrisa en un solo abril.
Aprendí a no golpear el aire
ni a regalar sonrisas
ni a prestar Abril,
porque si lo hago
¡Lastimar podrían
mi corazón sin puños
aún en Abril!

*Ama, no agredas,
torna lo sórdido
en sonrisa de abril,
deja los temores
sé arriesgado,
siembra en terrenos baldíos
bajo lluvia y viento
mójate feliz;
muéstrate risueño,
exprésate radiante,
comparte tu alegría,
esquiva con amor
los golpes de la vida,
ya llega abril
que abre primavera;
regala flores, sonrisas
regala abril
escucha mi nombre,
percibe mis caricias
tu corazón sin puños
ha de besarme a mí.*

AUSENCIA

Sufro la ausencia,
del amor detenido,
disfruto el paroxismo
al pensarte, me afiebro.
Amarse en la distancia
es chispa
que no apagan el mar,
el viento
ni el temor de extraviarnos
en lo lejos;
nos ata la esperanza,
¡no hay soledad!

No sufras la ausencia,
disfruta el recuerdo
de la conjunción.
Amarse de lejos
prueba el sentimiento,
besarse de lejos,
amarse a lo lejos.
Si existe esperanzas
no hay soledad.

NOVENTA MILLAS

¡Cuántas millas
separan nuestras ilusiones
yo en mi isla, tú en tus sueños!
¿Hallaré la extraviada esperanza
del encuentro
cuándo la gaviota anuncie
un cielo despejado?
¿Quién puso la mar
entre nosotros?
¿A cuántas millas
estamos de amarnos
Tú, Norte, Yo, Sur?

*Noventa millas interceptan
nuestros sueños.
¿Terminará la congoja
cuando el águila su vuelo baje
y las golondrinas dejen de invernar?
¿Quién separó el amor
en dos riberas?
A noventa millas
estamos de amarnos
Tú, Sur, yo, Norte*

DESVARÍO

Ven a mi encuentro,
se quiebra mi alma,
al tenerte distante;
Me afiebro

¿Acaso me crees perdido?
El amor no está extraviado
va en tu busca
¿Soy tu fiebre? Seré tu cura
¿Soy tu fuego? Tú mi leña
He de buscarte

El tiempo de la vida
Se acaba
no puedo desquitarme,
te busco ansiosa
Deseo aunque sea un desvarío
hacerte el amor

Descúbreme,
vuela el tiempo
¡Despierta, estamos vivos!
En cada horizonte…
en el fondo del mar
¡nos amaremos!

A TODO RIESGO

Cuando recibas estos versos
estaré camino hacia ti
quizás, perdido en la intención,
mis versos me antecedan.
Si llego…
de besos y caricias te he de colmar
te despertaré del sueño
Igual que la Aurora.
Este amor nació en mi Habana
no sucumbirá en aguas de Miami
llegaré a tierra firme.
He decidido
burlarme 90 millas,
navegar en bote, volar sin alas,
emerger si naufrago.
No más amores reprimidos,
te necesito:
es la hora de los cuerpos,
de reanudar lo trunco,
hacer realidad las caricias;
por este amor
enfrentaré la corriente del Golfo
por este amor
arriesgaré la vida…

*Leo tus versos… y tú sin llegar
ansío el encuentro
no te perderás en la intención
llegarás
afrontaré las 90 millas
te salvaré del naufragio
tu beso despertará mi sueño
entre La Habana y Miami
no basta sentir
es el tiempo de la entrega
de cerrar la grieta
hacer realidad las caricias;
por este amor
lucharé contra las olas
en lo profundo del Estrecho
te he de encontrar
por nuestro amor
arriesgaré la vida…*

AMARTE EN MIAMI

Amarte en Miami
oculta la noche
enciende la luz
conquista tus ojos
me sosiego en ellos
veo amanecer.
Amarte en Miami
desnudar tus latidos
abrigar tu esperanza.
Amarte en Miami
amarte en la playa
recorrer tus orillas
empaparnos juntos
que fluyan las aguas
ya no habrá distancia
de 90 millas:
La Habana-Miami

Ámame en Miami,
oculta la noche,
enciende la luz,
conquista mis ojos,
sosiégate en ellos
mira amanecer.
Ámame en Miami
desnuda mi cuerpo
regálame esperanzas.
palpa mis relieves
roza mis orillas.
Ámame en Miami
mójate en mi playa
amémonos juntos
que fluyan las aguas,
no existirán millas
Miami - La Habana.

Otros libros de la autora Loly Triana.
Publicados en D'har Services Editorial Arte en Diseño Global
www.dharservices.com
Teléfonos 1 877 223 1799 y 786 837 4567

Obtenlos en: www.amazon.com

www.ingramcontent.com/pod-product-compliance
Lightning Source LLC
Chambersburg PA
CBHW061514040426
42450CB00008B/1608